AF299570

OPINION

SUR LES

FORTIFICATIONS

DE PARIS,

PAR

A. GUILLEY,

COLONEL DU GÉNIE, EN RETRAITE.

PARIS,

CHEZ GAULTIER-LAGUIONIE,

LIBRAIRE, RUE DAUPHINE, 36.

NANTES,

CHEZ SUIREAU, LIBRAIRE, RUE CRÉBILLON.

1840.

OPINION

SUR LES

FORTIFICATIONS

DE PARIS,

PAR

A. GUILLEY,

COLONEL DU GÉNIE, EN RETRAITE.

Beaucoup de gens, en France, paraissent être d'accord aujourd'hui, touchant la nécessité de fortifier Paris. La dissidence n'existe que sur les moyens de la fortification : on en a proposé deux :

L'un, l'enceinte bastionnée continue ;

L'autre, un système de forts détachés, qui comprend aussi la mise en état défensif du mur de l'octroi.

Tous deux ont pour but d'arrêter l'ennemi qui, après une bataille rangée perdue à la frontière du nord ou de

1

l'est, arriverait, en huit ou dix jours, devant la capitale, et tenterait d'y entrer par un coup de main.

- Avant tout, il faut concevoir qu'après le désastre, l'armée battue, ayant laissé vingt mille hommes à Paris, pour soutenir la garde nationale, se retirerait à 30 ou 40 lieues sur la Loire, y recevrait les réserves du pays, et devrait dans un temps donné, qu'on évalue à trente jours, reprendre l'offensive contre l'investissement de l'ennemi, qui, ayant entrepris le siége, serait délayé sur un développement de 15 lieues. En pareil cas, on peut affirmer que le retour offensif de l'armée, libre dans ses mouvements, concentrée et opérant vers un point d'attaque à son choix, obtiendrait des chances presque certaines de succès.

Si l'ennemi suivait l'armée sur la Loire, il ne le ferait qu'avec une partie de ses forces, parce qu'il faudrait contenir la garnison de Paris ; il se diviserait pour vivre et allongerait outre mesure ses communications, déjà précairement établies depuis la frontière. En effet, sa marche rapide sur la capitale n'est possible qu'autant qu'il se sera débarrassé de sa grosse artillerie, et qu'il aura négligé et tourné les places fortes dont les garnisons, de concert avec les partisans, tourmenteront la ligne des communications dont il s'agit. Les militaires apprécieront une pareille position, qui ne semble pas tenable pendant vingt jours. Dans cette hypothèse, Tours, point central où les secours en personnel et matériel seraient dirigés, devrait être mis à l'abri d'insulte : c'est une nécessité étroitement liée à la résistance de Paris.

Maintenant, il est question du mode de la fortification arrêtée en principe.

ENCEINTE.

L'enceinte bastionnée a pour elle l'autorité du plus célèbre ingénieur et du plus grand capitaine des temps modernes. On pense, toutefois, que si Vauban eût connu le Paris actuel, il aurait renoncé à l'opinion qu'il a émise il y a un siècle et demi; celle de Napoléon est plus récente.

Elle rassure les Parisiens et couvre matériellement leur ville mieux que tout autre système de fortification, cela est incontestable, voilà les avantages de l'enceinte continue; quels sont ses inconvénients ? On se propose de les indiquer.

1.º Son immense développement.

Le gouvernement a annoncé que l'enceinte occuperait l'emplacement des forts primitivement projetés. Partant de cet avis officiel et joignant sur la carte de ces forts, leurs centres par des lignes droites, on forme un polygone dont le périmètre est de dix lieues ou de quarante kilomètres, qui, divisés par trois cent-soixante mètres, maximum du côté extérieur d'un front de fortification, donnent cent-dix fronts pour l'enceinte de Paris. Le développement de l'escarpe, en ajoutant un cinquième, selon le contour du bastionnement, sera alors de quarante-huit kilomètres ou de douze lieues. C'est vraiment une place monstre.

2.º Cinquante magasins à poudre, chacun de quatre cents quintaux métriques, pour un approvisionnement total de deux millions de kilogrammes.

3.º Les parcs et établissements de l'artillerie pour plusieurs milliers de bouches à feu.

4.º Vingt casernes neuves à construire à proximité du rempart, pour quarante mille hommes de ligne qui, suivant le programme des publications ministérielles, doivent se joindre à la garde nationale, dans la défense de ses foyers.

Effectivement, il est impossible de disperser ces troupes chez l'habitant, et les casernes actuelles étant éloignées d'un kilomètre du mur de l'octroi, dont la distance à l'enceinte serait double, les défenseurs auraient trois kilomètres à parcourir pour se porter sur le rempart ; cette disposition est inadmissible. Il est vrai que ces vieilles casernes seraient utilisées comme magasins de vivres ou hôpitaux ; mais elles ne pourraient être occupées par les troupes.

A l'objection qui sera faite sans doute, à cet égard, que ces quarante mille hommes bivouaqueront ou seront baraqués, on répondra qu'un bivouac de 30 jours n'est pas sain pour des soldats fatigués par la campagne et la retraite, et que le baraquement démonté et mis en magasin après la guerre, s'y pourrirait en quelques années. Un tel état de choses n'est pas d'ailleurs compatible avec la permanence de la fortification.

Si, à ces immenses travaux, on ajoute ceux de quatorze postes fermés et indépendants de l'enceinte, dont l'un, Saint-Denis, par exemple, aura l'étendue de Valenciennes, on sera tenté de reculer devant le temps et la dépense, que l'on ne connaîtra, au reste, même approximativement, qu'à l'époque où les expropriations et les indemnités pour servitudes auront été définitivement réglées. Un publiciste a dit : *Le Français commence vite, paie cher, et n'achève rien.* Il est à craindre que la fortification de Paris ne justifie ce trait exagéré de notre caractère national.

Il a été question d'un chemin de fer au pied du rempart pour le transport rapide des hommes et des munitions. Certes, il serait très-nécessaire, puisque le diamètre de l'enceinte est de 12 kilomètres; mais il n'est pas rigoureusement indispensable, c'est pourquoi on doit tenir compte seulement pour mémoire, de cette dépense extraordinaire de 10 à 12 millions.

5.º La force de la garnison.

Il s'agit ici de quarante mille hommes de la ligne pour Paris, et de vingt-cinq environ pour les quatorze postes fermés, extérieurs à l'enceinte, dont plusieurs seront de véritables places de guerre. Voilà donc soixante-cinq mille hommes enserrés entre des murailles, perdus pour la campagne, et Dieu sait si l'armée battue en fournira un plus grand nombre. Où trouver alors les cadres de vieilles troupes auxquelles les réserves composées en partie de jeunes soldats, doivent se réunir, et qui formeront tête de colonne dans le retour offensif? Cette éventualité est sérieuse et mérite d'être prise en considération.

6.º La difficulté des communications.

On présume que la contrescarpe sera supprimée, comme le veut Carnot, et remplacée par un terrassement à un et demi pour un, que l'on pourra gravir, afin de faciliter les sorties; toutefois, pour se rassembler dans le fossé, ensuite dans le chemin couvert, les troupes débouchent par d'étroites poternes, et leur passage exigerait beaucoup plus de temps que celui qui aurait lieu de plein pied par les barrières actuelles. Dans ce dernier cas, les troupes, dès qu'elles seraient dehors, conserveraient dans la zone protégée par les forts, toute leur liberté d'action, avantage que l'enceinte ne procurera jamais à un aussi haut degré.

Et les communications civiles :

Se figure-t-on pour Paris, les départs, les arrivages de voitures et charrettes de toute espèce, arrêtées par les visiteurs de l'octroi et menées au pas sur un défilé de cent soixante mètres de longueur, formé par les profils du glacis, le pont et le terre-plein de la demi-lune, le pont de la courtine, par la porte et un pont-levis de quatre mètres de largeur. C'est inextricable, c'est impossible.

Pour rendre le passage praticable à la rigueur, on sera forcé d'affecter les ponts d'un front à tout ce qui entre, et ceux du front collatéral à tout ce qui sort. Et même alors, le bourgeois de Paris sentira bientôt la gêne de cheminer, en arrière des voitures, sur ce défilé qui sera fangeux en hiver (1). Il résulte de cette difficulté des communications, qu'il faudra construire 110 portes; 220 corps de garde; 110 ponts de courtine; autant de demi-lunes, 110 profils de glacis, c'est-à-dire qu'il faudra dépenser 110 fois 200 mille francs, parce que les portes de Paris doivent annoncer la capitale de

---

(1) On pourrait établir deux lignes de ponts sur la même courtine, comme cela se voit à Brest ; mais cette disposition est vicieuse, en ce qu'elle masque les vues des flancs sur le fossé , et qu'elle ouvre les deux faces de la demi-lune. Au reste , elle ne diminue en rien la dépense, puisque le nombre des ponts à construire ne change pas.

l'Europe, et n'être pas de simples coupures voûtées sous le rempart.

Il resterait encore à traiter beaucoup de détails coûteux de l'enceinte continue ; mais ce qui vient d'être dit semble suffisant pour apprécier les sommes énormes qui y seraient enfouies.

FORTS DÉTACHÉS.

Ceux projetés, au nombre de quinze, sont des pentagones avec escarpe et contrescarpe, casematés, afin d'abriter les vivres, les munitions, une partie des mille hommes de leur garnison, ainsi que les rechanges dont une armée a besoin pour entrer en campagne.

Leur développement total, suivant l'escarpe, cinquième en sus compris pour le bastionnement, sera de trentequatre kilomètres, celui de chaque front étant de trois cent vingt mètres de côté extérieur.

La différence sera donc de quatorze kilomètres, trois lieues et demie, avec le développement de l'enceinte que l'on a dit être de quarante-huit kilomètres, douze lieues.

Dans le projet, les intervalles entre certains forts paraissent trop étendus ; il est convenable d'en ajouter deux sur la rive droite par laquelle l'ennemi arrivera, et un troisième sur la rive gauche, ce qui portera leur nombre à dix-huit ; on a eu égard à cette augmentation dans le calcul de leur développement. On sait bien qu'il ne peut y avoir rien de symétrique relativement à leur distribution sur le terrain, cela dépend de ses accidents et regarde les ingénieurs. En général, il faut que les intervalles à franchir par les colonnes qui marcheraient à

l'assaut du mur d'octroi, mis en état défensif, soient ré-
duits à quinze cents mètres, ce qui permettra à la mitraille et aux boulets de 24 de s'y croiser efficacement.
Cette condition est majeure pour la défense.

Il importe aussi de soigner parfaitement la construction de ces dix-huit forts et de leurs casemates, pour la
conservation des approvisionnements de toute espèce et
de leurs défenseurs. On remarquera qu'un seul de leurs
bastions, celui en saillie vers la campagne, sera susceptible
d'être attaqué ; c'est donc le cas de l'améliorer par une
contre-garde et une galerie de mines.

Sur tout le terrain soumis aux forts, les sommets seront écrêtés, et les pentes adoucies vers leur rempart;
c'est le premier remblai trouvé.

La défense des forts sera passive, et principalement
confiée au canon, parce que leur garnison de mille hommes
n'est pas en position de faire des sorties et que d'ailleurs,
du moment où l'ennemi aura paru, les entrées de la
demi-lune et de la courtine, qui ne sont que des coupures revêtues, seront murées.

La citadelle d'Anvers, exagone comparable aux forts,
a tenu vingt-et-un jours contre 75 bouches à feu de siége
et un habile ingénieur : c'est un fait de guerre accom-
pli, qui vaut mieux que toutes les prévisions souvent
hasardées et démenties par l'expérience. On peut espérer
que l'un des forts détachés tiendra vingt-cinq jours, parce
qu'il est flanqué par ceux de droite et de gauche qui, ayant
des vues sur le cheminement du bastion de la campagne,
en retarderont le progrès.

Les mêmes soins doivent être pris pour la mise en état
du mur d'octroi à deux rangs de créneaux. Son dévelop-

pement est de vingt-quatre kilomètres, il sera bien flanqué par les 65 tours ou petits bastions et par les 325 pièces d'artillerie du projet. Un épaulement ou un redan en glacis masquera chaque barrière actuelle dont les portes en forte charpente, s'ouvriront et se fermeront comme celles d'une écluse; on établira, si l'on veut, une palanque en arrière ; cela posé, il est facile de suivre les opérations de l'ennemi.

Victorieux à la frontière, il ne traînerait aucune grosse artillerie, et il arriverait en huit ou dix marches forcées devant Paris. Il établirait son camp à trois kilomètres des forts détachés, et se déciderait, ayant confectionné 600 échelles, à escalader le mur de l'octroi. Aussitôt que les colonnes ont parcouru un kilomètre, les boulets de deux forts les atteignent à bonne portée ; plus elles avancent, plus ils les labourent ; les voilà sous la mitraille de 60 ou 80 bouches à feu placées sur quatre fronts de fortification qui découvrent les assaillants de la guêtre au shako. Enfin les colonnes traversent l'intervalle des deux forts et sont encore escortées par les boulets jusqu'au mur de sûreté. Là, on dresse les 200 échelles, et autant d'hommes d'élite y montent successivement. Les premiers sont tués à brûle pourpoint et tombent sur ceux qui les suivent ; plusieurs échelles se renversent, la ligne est coupée, et, pendant ce désordre, les colonnes arrêtées au pied du mur sont encore mitraillées par les tours et les petits bastions. Que l'on se représente cette escalade, et avant d'y parvenir, une marche de quatre kilomètres sous un pareil feu, contre de tels obstacles, et l'on ne doutera pas du succès.

Que serait-ce en outre, si Paris, ayant des quartiers de

cavalerie , on chargeait les flancs des colonnes qui déboucheraient sur la zone comprise entre les forts et le mur d'octroi avec quinze ou vingt escadrons abrités par le massif des forts collatéraux, et qui auraient leurs libres mouvements sur les issues de plein pied des barrières ?

On fera observer, à ce sujet, que l'enceinte continue, avec le défilé de ses ponts, ne permettra jamais sans de grandes difficultés, cet emploi de la cavalerie.

On ne s'arrêtera pas à cette idée que l'ennemi pourrait amener des pièces de 12 pour faire brèche au mur de sûreté qui n'a pas la consistance d'un rempart, ou bien encore construire des plate-formes en fascines afin de l'escalader sur une ligne de cent mètres de longueur et de six de hauteur. En effet, cette artillerie n'arriverait probablement pas intacte devant le mur, et d'ailleurs l'épaulement en sacs à terre pour l'y placer dans le premier cas, comme l'arrangement des fascines dans le second , exigeant beaucoup plus de temps, le désastre serait aussi plus complet.

On dira, peut-être, que l'ennemi, au lieu de l'escalade du mur , fera mieux d'aborder directement celle de deux forts, afin de se frayer un passage sur l'espace intermédiaire où il ne sera plus inquiété. Cela paraît rationnel ; mais il est sans exemple qu'une pareille escalade ait réussi contre un seul, et à plus forte raison, contre deux fronts de fortification moderne, indépendants l'un de l'autre , et dont l'escarpe a dix mètres de hauteur. Si cette impossibilité n'était pas matériellement constatée , il faudrait renoncer aux places fortes, parce que c'est sur ce principe que leur construction repose.

Si l'ennemi, moins aventureux et pourtant négligeant toujours la frontière, se faisait accompagner de grosse artillerie tirée de ses arsenaux de Mayence, de Luxembourg ou de Landau , et se proposait d'enlever Paris autrement que par coup de main, on gagnerait au moins dix jours sur le temps de sa marche ; le siége d'un fort en exigerait vingt-cinq et peut-être trente ; car il y a nécessité d'éteindre complétement le feu des forts collatéraux qui verraient à dos son cheminement du fort dont il se serait emparé, vers l'enceinte de sûreté. Celle-ci ne résisterait pas, il est vrai, à cette artillerie et serait bientôt ouverte ; mais Paris n'en aurait pas moins, dans cette hypothèse, environ cinquante jours pour attendre l'armée de secours, et le but serait atteint avec le système des forts détachés.

Il ne serait pas même impossible de défendre la brèche dont l'emplacement serait déterminé d'avance par la direction du cheminement , parce que, dans l'etat actuel de Paris , plusieurs prolongements de rues aboutissent au mur d'octroi.

Pour cela, il suffirait : 1.º de joindre ce mur aux maisons voisines par de fortes palanques crénelées , de cinq mètres de hauteur, dont les bois seraient préparés et tenus en réserve ; 2.º de fermer la rue par une barricade armée de quatre pièces de canon, et d'établir ainsi un cul-de-sac garni de herses et de chevaux de frise, liés avec des chaînes en fer, où la colonne qui franchirait la brèche , serait exposée au feu de cette artillerie, à la mousqueterie des créneaux et à tous les projectiles lancés des maisons latérales. Les habitants de Sarragosse ont disputé pied à pied leur sol par de semblables moyens. C'est un exemple à proposer aux Parisiens jusqu'au moment du retour offensif de l'armée de la Loire. Ils ont pour repousser un assaut, des ressources inépuisables, s'ils sont résolus à les employer avec le sang-froid du courage intelligent.

Le résultat capital de la fortification de Paris, c'est de forcer l'ennemi à revenir à la guerre méthodique et à faire des siéges. Les places fortes reprendraient alors l'importance que les invasions de 1814 et de 1815 leur ont enlevée. Il ne s'agirait plus de quelques semaines, souvent trop courtes, pour la défense du pays, mais de plusieurs campagnes pendant lesquelles, comme en 92 et 93, on leva douze cent mille hommes, on fabriqua du salpêtre jusque dans les bourgades. Si, dans ce siècle de lumières et de raison, mais aussi d'égoïsme et de jouissances matérielles, les Français n'étaient plus capables de ces héroïques efforts en face d'une nouvelle coalition de l'Europe, ils subiraient la peine de leur dégradation.

Avant de terminer ce plaidoyer en faveur des forts détachés, il faut bien aborder la question de ce qu'on appelle l'embastillement de Paris; car les déclamations n'ont jamais manqué à la France. Cela signifie sans doute que les forts menaceraient toujours les libertés publiques, et qu'ils aideraient un gouvernement oppresseur et déchu à reprendre le pouvoir : c'est ici qu'il est nécessaire de s'expliquer clairement. Si les forts sont puissants contre le désordre et l'anarchie, on ne saurait trop les multiplier. Dans le cas, au contraire, où ils pourraient comprimer l'élan unanime de la nation qui revendiquerait ses droits, il faudrait les raser, s'ils étaient édifiés. On a dit encore que, à l'époque de juillet, la garde royale, occupant de pareils forts, aurait anéanti la révolution. Hé bien, il faut le répéter hautement : c'est une fâcheuse préoccupation, c'est une erreur. Lorsque le mouvement des esprits est généreux et national surtout, il pénètre aussi dans l'armée. A Dieu ne plaise que l'on veuille porter atteinte à la discipline ! Mais on affirme que les défenseurs des forts, dont quelques-uns au moins auraient des familles et des intérêts dans Paris, se refuseraient à consommer un acte de désespoir et de barbarie en incendiant ses faubourgs. Comment concevoir d'ailleurs, à cet égard, un odieux accord entre dix-huit officiers généraux ? Si le nouveau gouvernement, maître de la capitale et soutenu par les provinces, partageait les terreurs d'une population abusée, il aurait le moyen infaillible de les dissiper, en déclarant les incendiaires traîtres et hors la loi. Par cette seule déclaration, il couperait bras et jambes aux plus forcenés, car les séides sont moins nombreux qu'on ne le pense.

Enfin, si la contagion de la peur continuait à régner à Paris, le dernier remède consisterait à ne placer dans les forts, ni bombes, ni mortiers, à les faire garder, en temps de paix, par la banlieue et à y jeter, à l'approche de l'ennemi, le reste de ses quatre légions, qui formeraient les trois cinquièmes de leur garnison complétée par les artilleurs et l'infanterie de la ligne. Ces dispositions ne nuiraient en rien à la défense passive de chacun des forts ; il y aurait même à cela un avantage, celui de conserver à Paris douze mille hommes de cette dernière troupe pour les sorties et les actions de vigueur.

EN RÉSUMÉ.

Le développement des forts détachés est à celui de l'enceinte bastionnée comme 34 est à 48, leurs terrassements coûteront moins suivant ce rapport.

Il n'y aura probablement pas d'économie sur leurs maçonneries, parce que celles de l'exhaussement du mur d'octroi, des 65 tours ou petits bastions qui le flanquent, et des casemates qui logeront le personnel et le matériel des forts, compenseront l'excédant des maçonneries de l'escarpe de l'enceinte, lequel est, comme on sait, de quatorze kilomètres.

Les forts dispenseront de la construction,

1.º Des quatorze postes extérieurs qui, portés à l'extrémité de rayons fort allongés, laisseront entre eux des intervalles beaucoup plus étendus que ceux des forts, et sur lesquels l'artillerie agira avec moins d'intensité. Ces postes semblent être une véritable superfétation.

2.º De 30 magasins à poudre, puisque vingt, au lieu de cinquante, suffiront à l'approvisionnement du mur de sûreté, le reste étant contenu dans les casemates sans danger pour Paris.

3.º De la plus grande partie des parcs et établissements de l'artillerie, pour le même motif.

4.º Des casernes neuves pour 40 mille hommes de la ligne, auxiliaires de la garde nationale.

5.º De 92 portes de ville, puisque 110 sont nécessaires pour l'enceinte, et seulement 18 pour les forts, celles-ci n'étant encore que de simples coupures voûtées et revêtues.

6.º **De** 92 ponts de courtine et de demi-lune , dans la même proportion.

7.º **De** 220 corps de garde.

8.º **Enfin**, du chemin de fer projeté.

Les forts ont sur l'enceinte continue l'immense avantage de maintenir dans leur état actuel les communications de Paris.

Ils n'exigent pour leur défense que vingt mille au lieu de soixante-cinq mille hommes de troupes de ligne.

Ils favorisent les sorties et l'emploi de la cavalerie mieux que l'enceinte.

Ils forment le meilleur dispositif d'un camp retranché pour recevoir une armée en retraite.

L'acquisition des terrains de l'enceinte coûtera trois ou quatre fois plus.

La dépense des forts est appréciable ; les états estimatifs en ont été dressés ; ils s'élèvent en somme à 80 millions , savoir :

1.º 18 forts à 3 millions l'un, ci. . . . . . 54 millions

2.º exhaussement et flanquement du
    mur de sûreté, ci. 12

3.º achat de terrain , 450 hectares à
    20,000 l'un, ci. 9

    Frais imprévus. 5

            Total. 80

Le temps nécessaire à l'établissement de ce système n'est pas indéterminé ; on mettrait d'abord en état défensif le mur de l'octroi ; on bâtirait ensuite les forts de n.º impair et l'on finirait par la construction de ceux de n.º pair. On aurait ainsi un élément de défense pour chaque élément de dépense, et le tout pourrait être terminé en quatre ans.

Dieu seul connaît la durée des travaux de l'enceinte et de ses 14 postes extérieurs, qui n'auront de valeur qu'au moment où ils seront clos et achevés.

A moins que l'on ne démontre la fausseté ou l'exagération de ces avantages des forts sur l'enceinte, il semble que le choix ne peut être douteux.

Il existe, en dehors de l'un et de l'autre système, deux questions tellement importantes, que, sans leur solution rationnelle et préparée d'avance, la fortification serait au moins inutile, si elle n'était dangereuse ; on comprend qu'il s'agit des approvisionnements de vivres et de l'organisation des réserves.

Il est certain que l'ennemi, dès qu'il aura terminé l'investissement de Paris, n'y laissera entrer aucun convoi de subsistances ; parmi celles-ci, il y a beaucoup d'objets d'alimentation journalière qui ne peuvent être conservés, tels que le poisson, la volaille, les œufs et les légumes. Heureusement, ces objets ne font point partie de l'approvisionnement de siége d'une place de guerre, qui consiste principalement en farine, viande, vin, eau-de-vie, lard salé, légumes secs et riz. Tout cela se trouve à Paris pour trois mois, à l'exception de la viande sur pied, dont la consommation mensuelle est de 5,800 bœufs, 3,000 vaches, 12,000 veaux, 50,000 moutons et 15,000 porcs. Des quantités doubles suffiront ainsi pour cinquante jours, et cela d'autant mieux que tous les étrangers et cent mille individus de la classe riche ou simplement aisée, vieillards, femmes, enfants, s'éloigneront de Paris lorsque l'ennemi s'en approchera. On répartirait ce bétail et le fourrage nécessaire à sa nourriture, en vingt parcs établis à l'extrémité des faubourgs. Il n'y a rien là d'impraticable, ni de dispendieux. On peut même présumer que les bouchers et charcutiers se chargeraient de cet approvisionnement, parce qu'il est vraiment peu considérable pour chacun d'eux.

Le gouvernement continuera et augmentera, s'il y a lieu, les sacrifices d'argent qu'il a toujours faits pour maintenir le pain au même prix, la population ne manquera donc point du nécessaire, et si, après quinze jours de siége, le renchérissement se faisait sentir sur certains aliments de luxe, les Parisiens sauraient s'y résigner, et certes ils ne défendraient pas moins courageusement leur ville, parce qu'ils éprouveraient quelques privations.

Dans le cas où l'on adopterait les forts détachés qui auraient un four de munition voûté à l'épreuve, leur garnison recevrait la viande fraîche aussi long-temps que leurs communications avec Paris ne seraient pas interceptées; mais, par précaution, il faudrait y renfermer 30 mille rations de lard salé et de liquides, comme on les distribue à bord des bâtimens de l'État.

Quant à l'organisation des réserves, cela touche aux personnes et présente plus de difficultés. On s'occupe maintenant de former la garde nationale mobile; bientôt on connaîtra le temps que l'on y aura employé. Cette garde se composera en majeure partie, des hommes que la conscription n'aura pas atteints, c'est-à-dire, de recrues qui n'auront encore été ni équipées, ni exercées, et qui ne seront mises en ligne que dans un intervalle de six ou huit mois. On se convaincra alors que l'ennemi pourrait faire trois fois le siége de Paris, avant d'avoir été inquiété et combattu par l'armée de réserve. On ne songe pas assez que c'est ici une affaire de temps et que les jours sont comptés. Ce qu'il faut impérieusement dans la circonstance critique où la bataille perdue à la frontière placerait la capitale, c'est une force réelle, rassemblée à Tours, capable d'entrer immédiatement en campagne.

On s'est appliqué à rechercher le moyen d'obtenir cet immense avantage, d'où dépend le salut du pays, et l'on pense qu'on y parviendrait en opérant de notables changements à la loi actuelle du recrutement. Dans ce but, on proposerait de garder les jeunes soldats sous les drapeaux, seulement pendant quatre ans, au lieu de sept; mais, à leur libération, on les assujétirait à demeurer à la disposition du gouvernement, six ans de plus, c'est-à-dire, jusqu'à leur trentième année révolue. Il est probable qu'ils échangeraient volontiers trois ans de leur service actif contre six ans d'une éventualité de guerre, dont leur mariage ne les affranchirait pas plus qu'il ne les exempte aujourd'hui de la conscription.

Le contrôle de ces hommes serait tenu par les maires, les sous-préfets et les préfets, et afin de leur rappeler qu'ils ne cessent pas d'être soldats, on les réunirait aux chefs-lieux de canton, où les conseils de recrutement et de révision les passeraient en revue, après avoir constaté les décès et prononcé les dispenses que les infirmités pourraient motiver. Les effets d'habillement, d'équipement et d'armement seraient conservés aux chefs-lieux de département, sous la surveillance d'une commission composée du préfet, du sous-intendant militaire et d'un officier d'artillerie. Les agents subalternes de cette conservation ne coûteraient pas cher; on en chargerait un Capitaine et quelques sous-officiers en retraite, auxquels on allouerait une indemnité annuelle de quatre ou cinq mille francs. Pour prévenir la dégradation de ces effets, le ministre les expédierait aux divers corps à l'époque où ils devraient être renouvelés, mais il pourvoirait sans délai à la confection de ceux destinés à les remplacer dans les magasins.

Maintenant, on suppose que la guerre est déclarée et qu'il est urgent d'appeler la réserve de l'armée. Le gouvernement ordonne aussitôt que les contingents de chaque arrondissement soient réunis à des jours déterminés au chef-lieu du département. Là, ils sont habillés, équipés, armés, mis en marche, et, dans le terme d'un mois, ils arrivent, soit à Paris, soit sur la frontière menacée. On dispose ainsi de soldats exercés et disciplinés, que l'on peut immédiatement présenter à l'ennemi.

Cette mesure ne concerne que l'infanterie, base fondamentale de toute armée, elle ne serait pas directement applicable aux armes spéciales, parce qu'il est impossible d'entretenir d'avance au chef-lieu des départements, l'artillerie, le train, les chevaux; mais on dirigerait les hommes de ces armes sur les dépôts de leurs régiments, où ils recevraient ce matériel au fur et à mesure de son organisation; l'armée active qui supporterait les premiers efforts de l'ennemi, ne serait pas toutefois prise au dépourvu, car elle aurait déjà son contingent de chaque arme spéciale, qui suffirait au moins à disputer le terrain entre la frontière et Paris.

Suivant ces propositions et en levant, conformément à la loi actuelle, 80 mille hommes chaque année, l'armée permanente serait portée à 320 mille hommes, et la réserve à 400 mille, défalcation faite d'un sixième pour les décès et les infirmités. Une pareille armée est la garantie la plus complète contre l'invasion de l'étranger.

On n'ose pas affirmer que les détails d'exécution, par exemple, la confection et l'entretien de l'habillement aux chefs-lieux de département, ne rencontreront pas d'obstacles ; mais l'administration les modifiera au besoin, et finira par en triompher, dès qu'elle sera convaincue de cette vérité : que Paris succombera, s'il n'est secouru à temps, et pour ainsi dire à jour fixe. C'est là le principe qui doit dominer tout système d'organisation des réserves.

Ces dispositions ne changeraient absolument rien à la formation de la garde nationale mobile, qui se composerait d'abord de l'excédant de chaque conscription sur les 80 mille hommes levés annuellement, puis de tous les citoyens âgés de moins de 40 ans.

Tel est sommairement le projet que l'on a conçu pour soustraire la capitale à l'occupation de l'ennemi, et pour assurer au pays cette indépendance qui nous est si chère à tous.

Nantes, le 10 septembre 1840.

NANTES, IMPRIMERIE DE CAMILLE MELLINET. — 32,011